AF360254

EXPLICATION

DES OUVRAGES

DE PEINTURE

ET

DE SCULTURE,

DE MESSIEURS

DE L'ACADÉMIE DE S. LUC,

DONT l'Expofition a été ordonnée par Monfieur le Marquis de VOYER, Maréchal des Camps & Armées du Roi, Lieutenant Général pour S. M. en fa Province d'Alface, Gouverneur de Romorentin, Infpecteur Général de la Cavalerie & des Dragons, Honoraire-Affocié libre de l'Académie Royale de Peinture & Sculture, Vice-Protecteur de l'Académie de SAINT LUC.

L'Ouverture fe fera dans une des grandes Salles des Auguftins, le 20 Février 1751.

A PARIS,

De l'Imprimerie de PRAULT pere, Quai de Gêvres.

M. DCC. LI.

AVEC PERMISSION.

L'Academie de Saint Luc, fut formée par des Artiſtes & des Amateurs, lors du renouvellement de la Peinture & de la Sculture, Arts nobles & difficiles qui ne pouvoient être perfectionnés que par la glorieuſe adoption dont le Roi honore le Corps qui réunit les plus célébres Talens.

Elle a toujours été protégée par des Perſonnes auſſi recommandables par le goût & les lumieres, que par la naiſſance & les plaçes éminentes.

Monſieur le Marquis de VOYER, zélé pour la gloire des Arts, a ſaiſi le tems de la Paix, pour veiller ſinguliérement aux progrès de l'Académie de Saint Luc, dont il eſt Vice-Protecteur.

Il a crû que le moyen de les augmenter, étoit de mettre ſous les yeux du Public les Ouvrages qu'elle produit, & de nourrir l'émulation par une diſtribution de quelque récompenſe honorable.

EXPLICATION

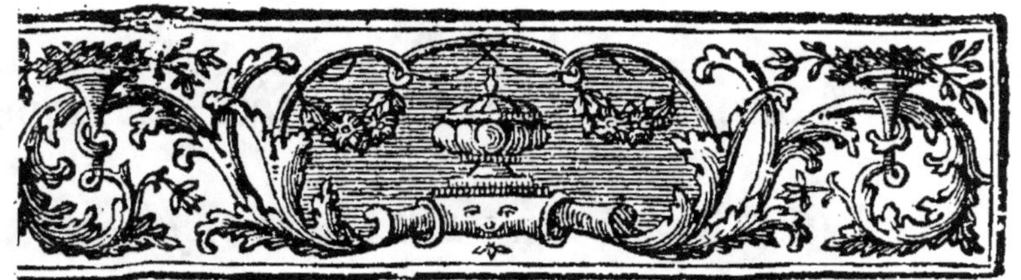

EXPLICATION

DES OUVRAGES

DE PEINTURE

ET DE SCULTURE,

DE MESSIEURS

DE L'ACADÉMIE DE S. LUC.

OUVRAGES DE MESSIEURS
les Officiers de l'Académie.

Par M. Spoede, Recteur.

Nº. 1 UN Tableau sur toile de 50. repréſentant le Triomphe de Neptune & d'Amphi-trite.

A

2 Autre, repréſentant une Fête Bachique.

Par M. MERELLE, *Profeſſeur.*

3 Un Tableau de 3 pieds 7 pouces de haut, ſur 2 pieds 9 pouces de large, repréſentant Orphée & Euridice aux Enfers.

4 Le Portrait de Madame la Marquiſe de * * *, habillée en Sultanne.

5 Les Portraits de Monſieur & de Madame de * * *, de 2 pieds de haut, ſur un pied & demi de large.

6 Le Portrait en buſte de Monſieur de * * *, Grand-Croix de Saint Louis.

7 Le Portrait de l'Auteur, par lui-même.

Par M. DUMESNIL *le jeune,*
Profeſſeur.

8 Un Tableau ſur toile, de 5 pieds de haut, ſur 4 de large, repréſentant la Métamorphoſe de Sirinx en Roſeau, pourſuivie par le Dieu Pan.

9 Deux Têtes d'Etude ſur toile de 15. l'une repréſentant une Fileuſe endormie, l'autre un Lecteur.

Par M. H U E T, *Professeur.*

10 Un Tableau de 4 pieds de haut, fur 3
de large , repréſentant deux Moutons ,
l'un couché, l'autre debout.

11 Un Tableau fur toile de 25. repréſentant un Groupe de Perdrix , & autres
Oiſeaux.

12 Un Tableau de 2 pieds & demi de haut,
fur 3 pieds de large, repréſentant un Sur-
tout d'argent.

13 Un Tableau d'un pied 3 pouces de large, fur un pied 10 pouces de haut, repréſentant deux Oiſeaux nommés Toquands;
peint à Verſailles , à la Ménagerie du Roi.

Par M. V E N C E N O T, *Professeur.*

14 Trois Modéles , dont un répréſentant
la Vierge , un autre le Jugement de Sa-
lomon , & le dernier une Cérès.

Par M. V A N D E R V O O R S T , *Professeur.*

15 Pluſieurs Modéles de Femmes, & quatre Groupes d'Enfans, repréſentant les
quatre Élémens.

Par M. BETHON, *Profeſſeur.*

16 Un Tableau, toile de 5 pieds de large,
ſur 4 de haut, repréſentant Hercule & An-
tée.

Par M. DUPONT, *Profeſſeur.*

17 Un Modéle repréſentant Achylle bleſſé
ſur les ruines de Troyes.
18 Un autre repréſentant Iphigénie.
19 Deux Groupes d'Enfans, repréſentans
les quatre Élémens.
20 Un Saint Jeroſme, un Saint Auguſtin,
& deux Têtes d'Enfans en marbre ; le
tout ſous le même numero.

Par M. POLLET, *Adjoint.*

21 Un Modéle repréſentant Abel.

Par M. VENNEVAULT, *Adjoint.*

22 Un Tableau en mignature, repréſentant
Éve ſéduite par le Serpent, & donnant
la pomme à Adam.
23 Le Portrait de M. Boucher, Peintre du
Roi, Profeſſeur de ſon Académie.

24 Deux Payſages en forme ronde , l'un
repréſentant un clair de Lune , l'autre un
Soleil couchant.

Par M. BLONDEAU, *Adjoint.*

25 Deux Bas-Reliefs d'Animaux , repréſentant une Chaſſe du Cerf & une Chaſſe
du Loup.
26 Un Rhinoceros.

Par M. GUERIN, *Adjoint.*

27 Un Tableau de 5 pieds de haut, ſur 6
de large , repréſentant Io changée en
Vache , & gardée par Argus : Mercure
ſous la figure d'un Berger , après l'avoir
endormie au ſon de ſa flûte, cherche le
moment de lui trancher la tête. *Ce Ta-*
bleau eſt fait pour le Concours.
28 Autre Tableau de 5 pieds de haut , ſur
4 de large , repréſentant les trois Parques.
29 Autre , repréſentant un Bacchus.
30 Autre, de 3 pieds & demi de large , ſur
2 pieds 10 pouces de haut , repréſentant
Junon dans ſon Char.
31 Une Tête en paſtel, coëffée d'un cha-
peau de paille.
Ces cinq Tableaux appartiennent à
l'Auteur.

Par M. JOLLAIN, *Adjoint.*

32 Un Tableau fur toile de quatre francs, repréfentant Hercule & Omphale.

33 Autre Tableau peint fur cuivre de 15 pouces de haut, fur 15 de large, repré-fentant Saint Bernard en contemplation.

34 Une Efquiffe du Tableau qui a été exé-cuté pour la Chapelle de l'Académie, appartenant à M. Beaumont, ancien Di-recteur de l'Académie.

35 Un Bufte de Saint Simeon, tenant l'Enfant Jefus entre fes mains.

Par M. COUSINET, *Adjoint.*

36 Un Modele repréfentant Uliffe & Poli-xene, & quelques autres Efquiffes.

Par M. BESNARD, *Adjoint.*

37 Deux Tableaux fur toile de 8, repré-fentant, l'un une Cuifine, l'autre un inté-rieur de Maifon ruftique.

38 Deux autres Tableaux de 17 pouces de large, fur 14 de haut, repréfentant des Cuifines dans le goût Flamand, & appar-tenans à M. le Marquis du Coudray.

Par M. S U Z A N N E, *Adjoint.*

39 Une Vierge en terre cuite de 3 pieds & demi de haut.

Par M. C H A N T E R E A U, *Adjoint.*

40 Un Tableau fur toile de 25, fait pour l'Académie, repréfentant un manége à découvert, ou une courfe de lances ; & plufieurs autres Tableaux, fous le même numero.

Par M. D E S B A P T I S T E S, *Adjoint.*

41 Un Groupe repréfentant le coucher du Soleil. Thetis lui tend les bras, pendant que les Nayades & les Tritons font occupés à dételler fon Char. Ce Groupe eft fait en Pierres de Tonnerre de fix pieds de proportion.

42 Autre Groupe repréfentant Helene enlevée, & Paris, fon raviffeur. Figures de 7 pieds & demi de proportion.

43 Le Portrait d'un jeune Enfant, habillé en Huffart.

44 Deux petites Nayades, portant une Coquille.

45 Une Figure de Marbre, repréfentant Diane, fous le caractere de Triple Hecate, & plufieurs autres Efquiffes, fous le même numero.　　　　　A iiij

Par M. D E S M A R E T Z , *Adjoint.*

46 Un Tableau de 6 pieds de haut fur 4 pieds de large , repréfentant une Def-cente de Croix.

47 Autre de 2 pieds de large fur 3 pieds de haut, repréfentant une Venus fur les Eaux.

Par M. S L O D T Z , *Confeiller.*

48 Deux Tableaux de 12 pouces de haut, fur 16 de large , repréfentant des Pay-fages.

49 Un Tableau repréfentant l'enlevemeni d'Europe.

Par M. B O N N E T D E N V A L , *Confeiller.*

50 Une Efquiffe repréfentant la Commu-nauté des Religieux de l'Abbaye de Caëi en Artois.

51 Autre Tableau de 4 pieds de haut , fu 3 de large , repréfentant une fuite ei Egypte , *fait pour le Concours.*

52 Les Portraits de Monfieur de Léclufe Député du Commerce , & de Madami fon Epoufe.

53 Le Portrait de M. Henry , Employi dans les Fermes du Roi.

54 Le Portrait de M. l'Abbé Dan , en Flandres.

55 Le Portrait de l'Auteur , peint par lui-même.

Par M. SERTIER, *Conseiller.*

56 Un Groupe repréſentant Clitie abandonnée du Soleil , & changée en Tourneſol.

Par M. BONNART , *ancien Profeſſeur.*

57 Un Tableau ſur toile de 40 , repréſentant une Fête de Village.

Par M. DUMESNIL l'aîné , *ancien Profeſſeur.*

58 Un Tableau repréſentant le repos d'Hercule , après avoir ſéparé les deux Monts Calpé & Abyla , pour donner entrée à l'Ocean.

Le Portrait de M. Gillet pere , ancien Juge-Conſul , ſous le même numero.

Par M. LE MAIRE , *ancien Profeſſeur.*

59 Un Tableau de toile de 40 , repréſentant le mariage de Camma avec le Roi Synorix.

Par M. DIDIER , *ancien Adjoint.*

60 Deux Tableaux de 2 pieds 7 pouces de

large, fur 1 pied 5 pouces de haut, repréfentant la reception des Veftales par le
Pontife.

61 Autre Tableau, toile de 25, repréfentant une Veftale qui conferve le feu facré.

62 Trois Portraits, toile de 25.

63 Un autre Portrait, toile de 12.

Par M. CORNU, *ancien Adjoint.*

64 Un Tableau de 4 pieds 2 pouces de
large, fur 3 pieds 9 pouces de haut, repréfentant le Jugement de Pâris.

65 Deux autres Tableaux de 2 pieds 10
pouces de large, fur 2 pieds 4 pouces
de haut.

66 Autre de même grandeur, repréfentant
Œdipe, trouvé par Phorbas, & préfenté
à la Reine de Corinthe.

67 Deux Portraits de toile de 25.

68 Autre Tableau de 3 pieds 2 pouces
de haut, fur 3 pieds 10 pouces de large,
repréfentant le repos d'Egypte.

69 Autre Tableau de 18 pouces de large,
fur 1 pied 10 pouces de haut, repréfentant une Vierge avec l'Enfant Jefus entre fes bras, adoré par les Anges.

70 Onze Vûes ou Payfages peints en Paf-
tel, appartenans à l'Auteur.

71 Autre Tableau repréfentant Laïus, Roi de Thebes.

Par M. DES CLOCHES, *ancien Confeiller.*

72 Deux Tableaux de 20 pouces de haut, fur 16 de large, l'un repréfentant le Diftrait, & l'autre repréfentant l'Etude.

73 Deux autres Tableaux de 30 pouces de haut, fur 3 pieds 2 pouces de large, l'un repréfentant le Commerce, l'autre la Banque.

Ouvrages de MM. les Académiciens.

Par M. BERNARD.

74 Le Portrait de Monfieur le Marquis de Voyer, peint en paftel.

Par M. LIOTARD, *Peintre ordinaire du Roi.*

75 Le Portrait du Roi.
76 Le Portrait de Madame la Dauphine.
77 Le Portrait de Madame Adelaïde.

78 Le Portrait de Madame Victoire.
79 Une Tête pour l'Académie.
80 Une Figure Turque.
81 Une Liseuse.

Ces 7 morceaux sont en pastel, sur des toiles de 12.

Par M. EISSEN , *Peintre de cette Académie & de celle des beaux Arts de Rouen.*

82 Un Tableau représentant Icare & Dédale, fait pour la reception de l'Auteur.
83 Un Plafond allégorique , représentant la Nature qui tient une Corne d'abondance d'une main , & de l'autre retient le Génie par une de ses aîles, qui semble toujours s'écarter du vrai. On y voit les attributs de l'Architecture, de la Sculture & de la Peinture. Plusieurs Dessins & Esquisses sous le même numero.

Par M. DE LA PEIGNE , *Peintre de l'Académie de Saint Luc de Rome.*

84 Un Tableau de 3 pieds de large, sur 2 pieds 6 pouces de haut , représentant un Combat de Cavalerie sur la Lisiere d'un Bois, où les Combattans s'acharnent au tour d'un Étendart.

85 Autre Tableau, même grandeur, repréfentant une fortie de Cavalerie, & le
plus fort du Combat fur un Pont.

86 Autre Tableau, même grandeur, repréfentant un Combat de Cavalerie près
d'une Batterie de 3 pieces de Canon qui
font feu.

87 Autre Tableau de 5 pieds 6 pouces de
large, fur 3 pieds de haut, repréfentant
une vûe de la Ville de Rome, & de fes
plus beaux Édifices.

88 Autre Tableau de 2 pieds de large, fur
1 pied 6 pouces de haut, repréfentant
une vûe de Pont-Neuf prife du Quay de
la Megifferie; l'on y voit la Statue Équef-
tre d'Henry IV. le Quay des Quatre-
Nations jufqu'au Pont Royal, & dans le
fond le Mont Valérien. Le devant eft
orné de beaucoup de Figures.

89 Autre Tableau qui fait Pendant, & qui
donne la même vûe prife du Quay des
Morfondus, où l'on voit la Samaritaine,
une partie du Periftile du Vieux Louvre,
le Jardin de l'Infante jufqu'aux Thuille-
ries, le Cours. Toute la Piece eft embel-
lie de beaucoup de Figures.

90 Autre Tableau de 3 pieds de large, fur
1 pied 9 pouces de haut, repréfentant un

Défilé d'Armée, defcendant d'une Montagne avec fes Bagages & Mulets. C'eft le Tableau de reception de l'Auteur.

91 Autre Tableau de même grandeur, repréfentant un Camp au pied d'un Rocher, des Soldats qui jouent aux Cartes, d'autres à Table, d'autres qui danfent, une Tente d'Officiers. Le fond du Tableau eft un Payfage.

Par M. PAROSSEL.

92 Un Tableau repréfentant le Baptême de Saint Jean, pour l'Eglife de Saint Sulpice.

93 Un autre Tableau repréfentant Notre Seigneur qui guérit les Paralytiques. *Ce Tableau fera expofé dans le courant du mois.*

Par M. LIEGEOIS.

94 Deux Tableaux fur toile de 50 ; l'un repréfentant une Marine, Soleil levant ; l'autre repréfentant un Payfage , Soleil couchant.

95 Un petit Tableau repréfentant un bas relief d'après François Flamand.

Par M. BARRERE.

6 Deux Portraits , toile de 25 ; l'un d'Homme , l'autre de Femme.

7 Un autre Portrait en Paſtel, toile de 15.

8 Le Portrait d'un jeune Enfant , tenant un Perroquet.

9 Deux autres Portraits en Paſtel , toile de 25. l'un d'Homme , l'autre de Femme.

Par M. CAZE *fils.*

20 Un Tableau de 3 pieds de haut, ſur 2 pieds de large, repréſentant Acis & Galatée.

21 Autre Tableau, même grandeur, repréſentant Apollon & Daphné.

22 Autre Tableau , même grandeur, repréſentant la Courſe d'Hippoméne & d'Attalante.

23 Un Portrait d'Homme , toile de 25.

24 Quatre autres Tableaux repréſentant ,
Le premier,
Le deuxiéme , l'Enlevement d'Europe.
Le troiſiéme , Jupiter & Califto.
Le quatriéme , Perſée qui délivre Androméde.

Par M. D E Q U O Y.

105 Deux Tableaux, toile de 30. l'un repréſentant un Mandiant, & l'autre un
Buveur.
106 Deux Portraits, toile de 25. l'un
d'Homme, l'autre de Femme.

Par M. C H E V A L L I E R.

107 Un Tableau de 4 pieds de haut, ſur 3
pieds de large, repréſentant Saint Jean-
Baptiſte.
108 Le Portrait de feu M. le Pautre, Scul-
teur du Roy, ancien Recteur de cette
Académie, hauteur de 3 pieds, ſur 2
de large.

Par M. P O U G I N D E S. A U B I N.

109 Un grand Tableau en Paſtel, repréſentant Monſieur & Madame Caprini &
leur fils, habillés en Payſans étrangers
qui voyagent.
110 Cinq autres Portraits, & celui de l'Auteur par lui-même.

Par

Par M. C H A M P E N O I S.

111 Trois Tableaux, fur toile de 15. repréſentant des Légumes, autre toile de
10. repréſentant des Poiſſons, autre toile
de 15. repréſentant un Payſage.

Par Mlle. D E S. M A R T I N.

112 Le Portrait de M. Oudry, Peintre
ordinaire du Roy & de ſon Académie,
jouant de la Guittare, hauteur de 4
pieds, ſur 3 de large.
113 Le Portrait de Madame Oudry, avec
les attributs de ſon Talent, hauteur de
3 pieds, ſur 2 de large.
114 Un Portrait de 2 pieds de haut, ſur 1
& demi de large, repréſentant la mere
de l'Auteur un Livre à la main.

Par M. L A L L E M A N T.

115 Un Tableau de toile de 30. repréſentant un Payſage, avec Figures & Animaux.

Par Mlle. N E U V E.

116 Le Portrait d'un Préſident, celui d'un
Greffier & de ſa femme, un Maître

Mathématicien & sa femme, une Dame
tenant un Serein.

Par M. ALLAIS.

117 Quatre Portraits de 4 pieds de haut,
sur 3 & demi de large.
  Deux Portraits en Pastel, sous le
même Numero.

Par M. VIGÉE.

118 Le Portrait de M. Mansard, Architecte
du Roy, Amateur.

119 Celui de M. Chedeville, Musicien du
Roy.

120 Le Portrait d'un jeune Écolier qui tient
un Porte-Feuille sous son bras.

121 Le Portrait de M. Carlin, Comédien
Italien, habillé en Arlequin.

122 M. Clavarelle sous la figure de Scapin.

123 M. Blondelle, Architecte.

124 Deux jeunes Enfans, un petit Gar-
çon & une petite Fille.

125 M. de Neuville, Fermier Général, en
pied en petit dans son Cabinet.

126 Un vieux Hermite lisant dans un Livre.

127 Le Portrait de l'Épouse de l'Auteur,
par lui-même.

128 Le Portrait de M. Martin, ancien
Directeur de cette Académie.

*Ces Tableaux font tirés du Cabinet de M.
de Neuville.*

129 Le Portrait de Madame Germain.
130 Une petite Fille qui joüe avec un
Moulin.
131 Trois autres petits Tableaux repréfentant les Babichons de l'Opera Comique.

Par Mlle. B O C Q U E T.

132 Plufieurs Portraits en mignature, tous
fous le même Numero.

Par M. D O R L Y.

133 Le Portrait du R. P. l'Epicier de la
Mercy.
134 Le Portrait du R. P. Paflin des Auguftins.
135 Le Portrait de M. Ricault, Ingénieur,
Lieutenant Colonel au fervice d'Efpa-
gne, racheté le 18 Octobre 1750. par
les PP. de la Mercy, protégé par S.
A. S. Monfeigneur le Prince de Conty,
& peint avec fon Habit d'Efclave.

Par **M. MERELLE** *fils.*

136 Les Portraits de Monfieur & Madame Royer en Paftel, l'un dans fon Cabinet, l'autre en Habit de Bal.
137 Le Portrait de **M. Nericault Deftou-**ches de l'Académie Françoife, en Paf-tel, appartenant à M. Prault pere.

Par **M. SAUTRAY.**

138 Un Modéle repréfentant une Minerve accompagnée des Arts, & appuyée fur fon Egide, fur lequel font les Armes de M. d'Argenfon.

Par **M. LANOUELE.**

139 Un Portrait, toile de 30. repréfentant un Rieur.

Par **M. RISBRACQ.**

140 Deux Payafages & plufieurs Figures & Animaux, fous le même N°.

FIN.

ADDITION.

Sous le No. 140.

Deux Tableaux de Payſages, peints pour mettre dans un Jardin.

Par M. SUBRO, *Profeſſeur en Géometrie & Perſpective de l'Académie.*

141 Un Tableau de 12 pieds de large, ſur 10 à 11 pieds de haut, repréſentant une Perſpective.

On diſtribuera les Explications dans les Salles des Auguſtins.